AF279651

Ignacio Santos Carrasco

De los míos sed

Ignacio Santos Carrasco

De los míos sed

Colección
Dabisse Romero

Primera edición: marzo 2025

ISBN: 979-13-990163-2-1
Depósito Legal: MA 401-2025

Impresión y encuadernación: Podiprint

Directora de la colección: Isabel Romero

© Ignacio Santos Carrasco, 2025
© Editorial Anáfora, 2025

Prólogo: Juan Antonio Rodríguez Astorga

Diseño y maquetación: Editorial Anáfora
Fotografía de Portada: Ignacio Santos Carrasco
Logotipo Colección Dabisse Romero: Aguillen Art

Edita: Editorial Anáfora
www.editorialanafora.com
info@editorialanafora.com

Reservados todos los derechos. No se permite la reproducción total o parcial de esta obra, ni su incorporación a un sistema informático, ni su transmisión en cualquier forma o por cualquier medio (electrónico, mecánico, fotocopia, grabación u otros) sin autorización previa y por escrito de los titulares del copyright. La infracción de dichos derechos puede constituir un delito contra la propiedad intelectual. Editorial Anáfora no se hace responsable del contenido de la obra y/o las opiniones que el autor manifieste en ella.

Diríjase a CEDRO (Centro Español de Derechos Reprográficos) si necesita fotocopiar o escanear algún fragmento de esta obra (www.conlicencia.com; 917 021 970 / 932 720 440)

A Dolores y Gastón, mis padres.

PRÓLOGO

La añoranza, en todas sus acepciones, se trasluce en cada poema que conforman *De los míos sed*, sobre todo en el reconocimiento de pérdidas dolorosas. El poeta vive esa ausencia en lo que resta de lo añorado. Hay pérdida, pero también se recoge en sus versos una presencia luminosa de lo ausente, que le permite mantener vivo en su interior cuanto recibió de quienes ya no están. Esa llama, no el rescoldo, atiza su vida, como si aún fluyera con vaivenes imprevisibles por la existencia, y lo expresa de forma magistral en cada composición de este poemario.

Es cierto que, durante un tiempo, o muchos tiempos, padecemos tan solo el dolor de las pérdidas irreversibles. Solo acontece el desgarro sangrante que no admite sutura.

Sin embargo, el poeta ha experimentado un vínculo seguro originario que le ha posibilitado sentir la garantía de que nadie «se va» definitivamente ni los recuerdos de situaciones vividas desaparecen, porque lo que se sembró en nosotros ya es nuestro para siempre.

Juan Antonio Rodríguez Astorga.

La poesía es la capacidad y la incapacidad
de expresar lo inexpresable.
Lo que cuenta no es lo que dice,
sino lo que existe o no existe
más allá de las palabras pronunciadas.
Ana Blandina.

I. Imperfecta geometría

Circularidad

Este tronco, que me soporta,
muestra cicatrices de historias redimidas
y huellas de severa tala.
A ninguna rama me siento adherido.
Me pregunto cuál es mi fortaleza
o de qué estoy hecho.
Nada más lejos que acercarme a un manual de anatomía,
o fisgonear en la red sobre el ADN.
Nada más lejos.

He recurrido al manual de mis recuerdos.
He lanzado una mirada atrás
para otear en los recodos del tiempo,
y encuentro los que de niño
me fueron meciendo.
Definidos unos, otros difusos o lejos.
Añoranza de quienes alborozados me acogieron
y hoy, aunque ya no están,
aún lo hacen en mis adentros.

De reojo observo,

trato de hacer un esbozo

de los años mozos y juventud sin frenos.

Evoco despertares de amores tiernos,

que resecaban la boca tan solo avistarlos de lejos.

Otros, el pulso dislocaba,

temblaban hasta la yema de los dedos;

inconclusos —no por tedio— más de uno

hizo arder mi interior con su fuego.

Así fueron brotando y languideciendo

hasta alcanzar aquel en que fragüé

un sinfín de proyectos.

Es posible fuera el miedo

a qué hallar tras la esquina del soltero.

Mas poco a poco tracé mi circularidad,

mi curvo horizonte imperfecto.

Y aunque, aún busco quién soy o de qué estoy hecho,

he llegado a la conclusión: ser un sencillo prisma

de mis yos y mis recuerdos,

de quienes me habitaron desde fuera

y de cuantos aún llevo dentro.

Paralelas

Sin esperas, nada auspicia tu presencia,
aferrado al noray de un puerto sin atraque
frente al océano que os mece
avisto el horizonte
desde el cantil del muelle de mi rutina.

Quebrada ya la ilusión,
los fragmentos se escurren entre mis dedos
en fuga, como un niño desconcertado.

Esta imprecisa convergencia
entre voluntad y destino,
es una tormenta que no cesa
frente a dos azules inconexos: cielo y mar.
Dos horizontes en paralelismo imperfecto
a los que ato mi desespero
en este sunami de ausencias.

Tangente luz

Terrible inquietud.

No es el momento,
de hacer alarde inútil de fortaleza,
tan solo afrontar la opacidad que ciega la visión
cuando el destino viene malherido.

Sin Sol, sin luz, sin tino…
La tangencia de tu luz imprime un letargo
que debilita los cimientos.
El mundo se hace fina arena
en este desierto de afectos en fuga.

Doloroso andamiaje de emociones,
secuencias de un vértigo
que hace sentirse diluido en la fragilidad del tiempo
—huésped invisible—
que no elige, aunque devora y somete,
produciendo oquedades de orfandad
que ciegan la impetuosa luz.

Sin vuestro sol, que frágil es la luz.

Secantes

En la puntual convergencia
que la existencia generacional dicta
y las distancias que la premura
del destino impuso.
Salgo a tu encuentro.
Desde mi rincón de siempre
en el punto exacto que define
el arduo camino de la memoria.

Rescato tu solemne semblante,
tu pausado caminar
y la profundidad en la mirada de tus ojos grises.
Lo ensamblo junto a tus quedas palabras,
—ajustada severidad—
y prendidos en mi solapa aún llevo
tus consejos de protección.

Añoro cada momento vivido,

más aún, los hurtados por imprevistos.

Los silencios forzados, disonancia de la edad,

o el tono de tus melosos tangos.

Salgo a tu encuentro,

tratando de tomar tu testimonio

sin certeza de poder alcanzarte el mío.

En el deseo, que no existan distancias eternas y,

en algún momento haya un punto de encuentro.

En el vértice

Anida aún en mí la esperanza,
único alimento y vértice de vida,
alcanzar el extremo del ángulo
donde la existencia sea infinita.

Allí, donde todos seamos uno,
donde la nada ya no inquieta
saciada la sed de extrañarnos
sin los límites de tan mundana tierra.

¡Vernos, disfrutarnos!
En el vértice eterno de la existencia.

De los míos sed

No fluye el arroyo
que calme la sed que me ahoga,
mis labios sal quebrada
agrietadas calma y piel.

No sacia el agua
aquello que me inflama.
Esta sed no cierra solo mi garganta
percute en mi pecho
mi interior exhala quebranto de ausencias
que el tiempo no apaga.

Sed de ti.
Aunque la travesía es larga
de su andadura vislumbro
una nueva esperanza.

Sed de ti y, en ti mi sed calmada.

La llamada de las mareas

Me hiciste entender, que nada es eterno,
que cada etapa de la vida tiene un recodo de dolor.

Tú,
me hiciste entender, que cada ausencia,
nos traslada a cielos de lunas menguantes
y alegrías adormecidas.

Tú,
me hiciste entender,
que cada ausencia se lleva algo nuestro.

Decías: es como la llamada de las mareas,
—todo queda, mas nada es igual.

Ahora, llegado este momento, puedo entender
cuánto de lo que me habitó perdura en mí.

Este aire me lleva

Estos días de agosto
me llevan a un pasado que no quiebra.
El sofoco del largo aire de levante
arrastra mi mente
a la infancia, en la casa transitada.
En el comedor chico, así le decíamos,
la corriente bajaba las escaleras de la azotea
—desbocada— de dos en dos peldaños,
perdiéndose por el ventanal del patio.

Allí, al fresco, sobre el piso tumbados,
sumidos en el imperativo del silencio
que con voz firme ella declaraba.
Triquiñuelas, pellizcos…
en sordina algarabía ensartábamos las molestias
hasta ser pasto de las llamas.

¡Silencio! ¡Silencio he dicho!
¡Dicho! ¡Así quedaba!
Hasta la próxima, no más tardar,
unos minutos pasaban.
Sonaba el quincallero, su mordaz sonaja,
al rato el pregón de los chumbos
y las acerolas al nada.
¡De canelaaaa! anuncian los barquillos,
y el de los helados de impoluto blanco

¡Helados! ¡Ricos helados! predicaba.

Rota quedaba la armonía
en el sopor de una siesta frustrada.
La casa transitada, tardes de agosto,
recuerdos de una realidad callada
solo el aire la musita, la eleva, abraza.

Solo en mi memoria

Requiere un esfuerzo
adentrarse en los pliegues de la memoria.
Hurgar en ella de forma selectiva
avivar las luces de sus vidas
atrapar el candil que encendían sus ojos,
extraer sus indelebles huellas.

Requiere un esfuerzo
traerlos al vertiginoso presente.
Asirme a ellos en plácida connivencia
sin garantía de qué tiempo permanezcan
ni que sus manos en las mías se diluyan.

Frágil inviolabilidad la felicidad.

Como añicos de quebrado espejo
recompongo cada fragmento de sus historias,
cauterizo con mimo los rotos
a través de los cuales me diviso,
hasta alcanzar el continuo,
que mi ánimo precisa,
antes que el tiempo lo muerda y difumine.

Entresaco de sus costuras
la infancia deambulaba
las agonías que la época exigía
para quedarme con la calidez de sus miradas
las sonrisas de cada día
o cuanto entre sus manos esgrimían
por denso fuera el horizonte.

La inconsistente memoria
precisa que me aferre a sus retratos.
Secuencio cada fotograma
hasta hacerlos discurrir en mí
—que no queden detenidos—
y me refugio en la inviolabilidad
de ser nuevamente feliz
aunque solo sea a ratos.

Frágil felicidad.

Concéntrica sensación

El progresivo deterioro de eslabones
acorta la cadena de mis afectos
sometida queda su sólida apariencia
ante los efectos nocivos del tiempo.
Evoco aquellos tiempos pasados y su cadencia
en los que creí no acumular nada.

Visto en perspectiva, hoy siento,
que preciso acomodar un nuevo orden,
desprenderme de cuánto soportan mis estantes.
Creo me basto con los recuerdos,
ojear sus páginas me aporta
el gozo que mi ánimo precisa.

De ellos rescato: nombres, miradas, caricias,

besos, sonrisas y algunas lágrimas.

También: aromas, sabores, susurros,

silencios, pérdidas y arrullos de nueva vida.

He decidido poner en valor:

    —la rutina del despertar cada mañana,

    —el sigilo del paseo por la montaña,

    —el siseo del viento en las ramas.

    o el arrullo de las olas a los pies.

En cada uno de ellos estáis.

Cada eslabón, aunque ausente,

aún anuda la concéntrica sensación,

vínculo de vida compartida.

Colección de emociones que sigo elaborando

para que el olvido no los muerda.

Tras la felicidad

No hay certeza, solo un impulso constante.

Sobre tan vago objetivo, tan incierto como aleatorio,
construimos fragmentos de vida
cuyos posos van sedimentando logros
que irán dando sentido a cuanto nos rodea.

Sobre dicha innovación
cimentamos las bases de nuestros afectos,
soporte de las emociones.
Los reguladores morales —asimilados del entorno—
han de ajustar los desequilibrios,
cuando no, serán los sociales quienes lo pretendan.

En ese equilibrio, entre agresividad y colaboración,
emanados de nuestra herencia
nos debatimos como ser
a la búsqueda de la felicidad.

II. En el tiempo

La casa transitada

Extraños ecos habitan la casa
por sus estancias deambulan sigilosos.
Evocan mudas tertulias
que el imperativo del tiempo inflige.
El zaguán rezuma bellos recuerdos,
también pérdidas indescriptibles.
No puede ser de otra forma.
Mi dolor es más agudo a medida que me adentro.
Me atrapa, me llama.

Cuántas cosas encierra.
Cuántas vidas transitadas.
Cuántos amores trascendidos en el tiempo.
Cuántas esperanzas extinguidas.

Hoy tan solo etéreos susurros pululan
—ingrávidos flotan en abismos ciegos—
como danzantes vidas efímeras.
Mis sueños ya no son los que eran.

Mi imaginación sobrevuela la penumbra
con dificultad para desvelar cada uno de sus rostros.
Aún quedan vestigios de vida oculta
—historias no reveladas—
relatos aplazados en el tiempo, inéditos…
y juegos infantiles entre vuelos de enaguas.

Cálida umbría del hogar, aromas diluidos,
experiencias acuñadas,
sueños inconclusos de niños que desean volar
y dolidos vuelos sin retorno.

Qué insistente añoranza.
Cuánto espacio ocupa aún en mí.

Mi norte

Sin ser a menudo
hay días en los que no me encuentro,
vibra en mi interior una sísmica inquietud
que, sin ser real, no esboza buenos presagios.

Siento que la abnegación de unas décadas
de entrega sin límites,
dejar de ser yo para ser ellos,
se ha precipitado al vacío.

Busco el norte, mi norte.
Lo busco en sus distraídas miradas,
siento que languidecen ausentes,
otras desnortadas, desnudas…
ante los fríos que imponen estos tiempos de orfandad.

Este huésped ingrato,
que anida en las raíces de mis cimientos,
busca cobijo en mí en momentos de fatiga.
Preciso sobreponerme
que sus ojos sean brújula de mi finitud,
e incandescentes atemperen esta inquietud
para que me lleven por rumbos
que ahoguen tan adustos presagios.

Búscame

Intrépidos vuelos de adolescentes.

Cuando sientas desfallecer.
¡Búscame!
La distancia no determina la presencia,
sin importar que universo gravites
o que mundos nos separe, no dudes.
¡Búscame!

Cuando sientas caer o dudar,
si vieras quebrar tu ánimo,
o cuando azarosa tu debilidad aflore,
y te estremezcas
como el junco azotado por el viento.
Ahí estaré para soportar tu ser.

Te alojaré en mi regazo, piel con piel,
y como antaño
impediremos el paso al obcecado crepúsculo.
Nada eclipsará tus requiebros,
tus miradas, tus guiños.

Mitigado el amago de desesperación
tu persistente ulular, danzarina del aire,
templarás tus miedos
en el seno de la aceptación de tu incongruencia.

Todos, alguna vez,
fuimos náufrago en el propio horizonte.
Nada en espejadas aguas,
que sus inquietas ondas
no distorsionen tu reflejo.

Y si aún persisten las sombras.
¡Búscame, siempre cerca estaré!

Tu propia medida

No hay mayor intimidad
que cuando nos hablamos,
ahí empieza, en nosotros mismos,
y con frecuencia ahí acaba.

Así, nos cuestionamos cómo, por qué, cuándo…
del mismo modo lo hacemos
en relación a los demás.
Con ligereza nuestros interrogantes
arrancan, no sin dolor,
las voces que el estómago oculta.

Que solo tú, con la compasión malentendida,
te atreves a decir.

Ahí están a salvo
nuestros pérfidos pensamientos
—los que nos avergüenzan al igual que desahogan—
habitando nuestras entrañas.

Ahí está esa otra voz, la de tu propia medida.

Habitación 321

Cuando se quiebra el penúltimo eslabón.

Reflejos plata penetran

cubriendo de cetrina palidez las paredes.

La cal de la fachada de enfrente

revierte los destellos del faro

atenuando la honda oscuridad.

Ingrávida muta la sombra en la habitación 321.

Por el pasillo suenan firmes unos pasos,

—un resuello amordazado—

aullidos del lobo en la noche,

que acecha la presa.

Hunde sus fauces en la negrura

testigo ciego de agonía prieta,

el sueño se desnuda no es materia

inútiles cables, oxígeno, sondas…

Desdibujado amor.

¡Qué puedo decir!

El ayer incierto compromete

al mañana, que tal vez nunca llegue.

Se detuvo el aire

A las diez de la noche

tan solo un leve destello de luz en tu rostro.

Imperturbable,

sin resquicios que den paso a lamentos,

tejiste en sutil adiós.

Ya nada fue igual

nunca más volverá la linterna del faro

a estañar aquellas paredes.

Dictado quedó todo en la noche

de platas inertes.

Y se detuvo el aire.

Estación XIV

Asomados a la marisma.

Os escribo estos versos, aunque *a priori*,
sé que no obtendré respuesta.
Mis versos no tienen remite
están en la intimidad del pasado
donde fuimos, sentimos, vivimos…
dejando constancia de abrigo mutuo.

Atrapados en los muros de *La casa transitada*
quedaron a su albedrío,
sin llaves y también sin olvidos.

Pueden resultarte lejanas estas palabras
tal vez por falta de puntualidad.
La vida estableció la distancia que nadie ataja
mas no quiero que el olvido
picotee los recuerdos.
Ni que la noche muerda
la transparencia de las mansas aguas
en la que os contempláis.

Desde la atalaya de silencios y sombras,

abrazados bajo el incipiente pino,

en la estación XIV del Cerro de los Mártires

—al rumor de tenues olas y siseo de la brisa—

asomados a la marisma,

percibo salobres confidencias

en la certeza

de un indeterminado mañana juntos.

Otoños

Suaves discurren

sobre las añiles aguas, en infinito reposo,

los pétalos que vistieron

vuestros otoños.

Marchitos languidecen en su seno.

Arrastran profundos ayeres de fundidos amores,

quejíos de confesiones inconclusas,

de abrazos distendidos

y sueños de otoños ya caducados.

No hay plazos

Inexorable transita el tiempo.
No dejes para después aquello que ya pronto
no te pertenecerá.
Cuando lo aplazado no puedas acometer,
te preguntarás qué hacer con la dimensión del tiempo,
que antes avasallaba desbocado
y ahora lentamente languidece.

Quién quedará cuando se haya marchitado el amor
y los hijos desbrocen horizontes en otros techos.
Serán ellos, los amigos, los de siempre.
Te podrán parecer escasos, mas no creas,
te reconocerás en ellos.
Serán suficientes.

Y ya no habrá espacio ni lugar al después,
todo quedará asido al presente,
la única realidad.
El ayer en su fragilidad no nos pertenece.
Tras él florecen los olvidos,
el frío que hiela la cena,
se pierde la chispa o algo más le cuesta.

Todo cambia, los hijos crecen y tú avejentas.
Se duplica la distancia, crecen las interferencias.

Los días se funden con la noche,
eclipsadas tras opacas sonrisas
de un norte que ya no orienta.

No dejes nada para después.
Habilita el presente, di cuántas veces desees

¡Te quiero!

Besa hasta cansarte y, no olvides predicar cuánto sientes.
No te importe lo que digan
y recuerda que el tiempo es el aquí y el ahora.

El tiempo es lo que tú sientes.

Atrapar el tiempo

Hemos cambiado
No mueve el molino aguas pasadas,
el arroyo ya no es el de ayer.
La vida, como el río, corre desbocada
dibuja senderos y meandros
entre guijarros o remansos,
que exaltan lamentos o apaciguan el ánimo.

No vuelven los agostos vencidos
ni anida en tu ventana la misma primavera,
no existen besos similares
ni sombras de idénticos pasos.
Sentirte como aquel día era mi deseo,
alzar la voz de mi garganta rota
tenerte de nuevo ante mí,
mas son diferentes entre sí dos gotas.

Aunque somos lo que recordamos
—por frágiles y esquivos—
no podemos vivir de los recuerdos,
ni saber a dónde vamos
sin conocer de dónde procedemos.

Sin techo

Si la fortuna me fuese esquiva

o si al cruzarme con ella cambiara de acera.

Si pareciese distraída, sé qué debo hacer.

Sé que un día, ignorado,

la vida me pondrá ante retos imprevistos.

No es más que un juego de azar

al que nadie está suscrito

pero todos somos candidatos.

Para ese día he dispuesto,

no dejarme sorprender, atar bien mis impulsos

y, unas notas que eleven mi paciencia.

Para mi calma usaré la música

—elixir que mitigue el pulso—,

para el desespero —tu mirada—

esmeraldas que cegaron el sentido

al revolotear los aleros de tu ventana.

Al dolor, si me visitara, lo vestiré de gris

es sencillo este color y amigo de la desgana.

Dejaré los colores más vivos

para combatir la abulia o desesperanza;

y si quedará atrapado en la quietud de aguas mansas

estoy construyendo una vela de seda,

—filigrana imaginada—

para que los vientos por tenues que sean

me acerquen a la meta.

Aunque conocida, no por ello deseada.

Sin alboroto, ni récords…

tan solo una vida dedicada a la familia,

amigos, aficiones… y mis silencios en forma de versos,

os invito a asomaros a mi ventana.

Esclavitud muy deseada.

Mirar atrás

No escribo a tientas,
hoy vuelvo la mirada atrás y puedo festejar
que la naturaleza interpretó mis silencios.
Mis pasos no abandonaron el sendero
y sus huellas, son huellas que otros transitan.

¿Del futuro? ¿Qué espero?
Tan solo se convierta en presente continuo.

Que de mis palabras broten ecos
que enraícen y nutran escarchas,
esas que rezumaban en otros tiempos.
A la primavera,
qué pedir, sino que atesore vidas nuevas y,
llegado su momento sean sol de otros inviernos
y bajo nuestros pies, aunque no estemos,
florezcan brotes tiernos.

Sin ficciones

Frente al espejo,
la mirada perdida en la hondura del azogue,
tan solo el jardín de esmeraldas de tus ojos
anida esperanza de realismo.
Diluida la ficción, te recompones,
tras avistar aquella joven que fuiste.

Barajas imágenes
enhebradas con los hilos del recuerdo.
Mientras se humedecen tus mejillas
titubeas con la tersura de tu vientre
—inhóspito devenir del tiempo—
que coquetea con la caduca esbeltez.

Me miras, sonríes.
¡Así somos, seguimos de pie!

Sucumbir

He sentido tu candor
sucumbido a su textura
a su expresión voluptuosa,
a tu piel clara y húmeda.

Al rojo encendido de tus labios,
al sabor de tu saliva.
a los craquelados pliegues de tu piel
al sabor que poco a poco junto a ti
va destilando mi vida.

A ser preso de tus labios,
a la estrechez de sus comisuras,
a las papilas de miel que hay en tus besos,
en ellos a vivir me quedaría.

Trascendido el tiempo y las carencias
en tus labios aún resido.

Tiempo y esperanza

Duele esta aceleración que el tiempo propone,
nada queda de aquel tictac parsimonioso.
Aquellos momentos de juvenil efervescencia
en el que tratamos de adelantarlo
—prematuro florecer—
en una madurez impostada.

Hoy corre más que yo, y que todos.
Apretadas, diluidas las horas, saltamos los días
y como viajeros en tránsito
deambulan nuestros recuerdos en esta terminal,
sin evidencia que se perpetúen en un tiempo futuro
del que solo tenemos billete de ida
y no de vuelta.

Nada importa el frío de espacios tan inhóspitos,
languidecen los minutos y las esperas
ante la ausencia de vuestras palabras.

Al sur del sur

Todo me parece opaco
la luz, aunque intensa, se me ofrece esquiva
a mi alrededor solo percibo espesuras.
Gris cuanto alcanza mi vista.

Abro la ventana al sol naciente
el recio viento del este invade mi espacio,
aire y luz agitan mis ayeres
luz, a mis pies, incandescente.

Avisto la vida, me arropa el cálido viento,
de galas viste mi firmamento,
trasladado me sentí
al fragor de la vida en pleno.

Al sur del sur, cuando desfallecer sientes,

mar
        luz
                sol
                        y
                                viento

insuflan los debilitados pulsos
cuando el corazón va lento, muy lento.

ÍNDICE

Número 11 de la
Colección Dabisse Romero
bajo el cuidado de
Isabel Romero,
directora de la colección.
Se acabó de imprimir en Málaga,
en el mes de marzo del año 2025,
bajo el sello editorial de **Anáfora**.